Peter Groß

Marketing als elementarer Faktor im Unternehmen

Schwerpunkt Ost-Marketing

Diplomica® Verlag GmbH

Groß, Peter: Marketing als elementarer Faktor im Unternehmen. Schwerpunkt Ost-Marketing, Hamburg, Diplomica Verlag GmbH 2008

ISBN: 978-3-8366-6405-9
Druck Diplomica® Verlag GmbH, Hamburg, 2008

Bibliografische Information der Deutschen Bibliothek
Die Deutsche Bibliothek verzeichnet diese Publikation in der Deutschen Nationalbibliografie;
detaillierte bibliografische Daten sind im Internet über
<http://dnb.ddb.de> abrufbar.

© Diplomica Verlag GmbH
http://www.diplomica.de, Hamburg 2008
Printed in Germany

Inhaltsverzeichnis

Abbildungsverzeichnis

Abkürzungsverzeichnis

BAT	British American Tobacco
C&A	C&A Mode KG; Clemens / August Brenninkmeijer
E.ON	E.ON AG; Energiekonzern
eBay	internationales elektronisches Auktionshaus
ehem.	ehemalige(n)
EnBW	Energie Baden-Württemberg AG
EU	Europäische Union
GUS	Gemeinschaft Unabhängiger Staaten
H&M	H&M AG; Hennes & Mauritz
HGB	Handelsgesetzbuch
i. V. m.	in Verbindung mit
KMU	Kleine und mittlere Unternehmen
m. M. n.	meiner Meinung nach
MCI	MAP-COMMUNICATE-INTEGRATE
MNC	Multinational Corporation
MOE	mittel- und osteuropäische Länder
RWE	Rheinisch-Westfälisches Elektrizitätswerk AG
u. U.	unter Umständen
UdSSR	Union der Sozialistischen Sowjetrepubliken
Vattenfall	Vattenfall AB; Energiekonzern

1 Einführung

Weite Teile der Bevölkerungen vieler Länder leben heutzutage in einer Überflussgesellschaft, die sich u. a. durch eine sich in hohem Maß ähnelnde Produktvielfalt äußert. So hat der Konsument die freie Wahl zwischen einer Vielzahl an Produkten, die in ihrer Güte und Zweckmäßigkeit oft gleichwertig sind. Von der Wirksamkeit aus betrachtet ist es dabei eher belanglos ob man Kleider mit Ariel oder Persil wäscht – beide sind in der Lage saubere Ergebnisse zu liefern. Es bleibt dementsprechend die Wahl des Kunden, welchem Produkt er sein Vertrauen schenkt. Somit erweist sich insbesondere das Marketing als maßgeblicher Erfolgsfaktor für ein Unternehmen, da der Absatz im Betriebsprozess das letzte Glied darstellt und den Geldmittelrückfluss sicherstellt. Marketing ist eine Konzeption der Unternehmensführung bei der durch systematische Verhaltensbeeinflussung der Konsumenten sowie die Anwendung absatzpolitischer Instrumente die gegenwärtigen wie kommende Bedürfnisse des Marktes und die betrieblichen Aktivitäten gegenübergestellt werden um mit einer Unternehmung langfristig erfolgreich zu sein. Der potentielle Kunde wird von mehreren inneren wie äußeren Faktoren beeinflusst, darunter zählen im Wesentlichen psychologische, emotionale und rationale Faktoren, welche Wirkung auf die Kaufentscheidung entfalten. Als Konsequenz ist im Allgemeinen davon auszugehen, dass der Kunde jenes Produkt wählt, welches ihm den größten individuellen Nutzen verspricht. Marketing ist jedoch nicht gleich Vermarktung. Es beschreibt durchaus mehr als nur eine Teilfunktion des Unternehmensprozesses und erfordert vielmehr eines ganzheitlichen Konzepts um die Beziehungen auf dem Markt zwischen Anbietern und Abnehmern sowie den sonstigen Marktpartnern optimal zu gestalten.

Der Begriff respektive die Wissenschaft des Marketing an sich unterliegt dabei einem mindestens ebenso steten Wandel wie andere betriebswirtschaftliche Bereiche. Der betriebliche Leistungserstellungsprozess des 19. Jahrhunderts wandelt sich von der Produktion über die Phase der Verkaufsorientierung mit abzeichnenden Sättigungserscheinungen hin zur marktwirtschaftlichen Volkswirtschaft mit wachsender Käufermacht und dementsprechender Marketingorientierung. Derlei veränderte Umweltbedingungen mit offensiv umworbenem Käufermarkt erfordern als Reaktion die grundsätzliche Ausrichtung hin zum Konsumenten. Heutiges Marketing hat deshalb auch die Aufgabe, neben der Beschreibung und Analyse existierender Konstellationen diesbezügliche Entscheidungsregeln bereitzustellen. Das Marketing ist zu einer Universalwissenschaft erwachsen, die von einer Vielzahl "Nachbardisziplinen" beeinflusst wird.

Im Weiteren soll das grundsätzliche Konzept, die Unentbehrlichkeit und damit zentrale Rolle des Absatzmarketing im Unternehmen dargestellt werden. Darüberhinaus wird schwerpunktmäßig auf neue Chancen und Herausforderungen im erweiterten EU-Raum durch Ost-Marketing eingegangen.

2 Der Marketing-Begriff

2.1 Markt und Marktbegriffe

Dem Begriff *Marketing* liegen grundsätzlich zwei Bedeutungen zugrunde.
Zum einen versteht man darunter eine bestimmte *Denkhaltung,* welche oft gewisse Unternehmensphilosophien wiederspiegeln, die im Weiteren auch im betrieblichen Handeln zur Geltung kommen.

Zum anderen kann man Marketing ebenfalls als eine *unternehmerische Aufgabe* betrachten, als betriebliche Funktion, analog zu Rechnungswesen, Produktion, Finanzierung u. ä. bei welcher der übliche Problemlösungsprozess angewandt werden kann.

„In der klassischen Interpretation bedeutet Marketing die Planung, Koordination und Kontrolle aller auf die aktuellen und potenziellen Märkte ausgerichteten Unternehmensaktivitäten. Durch eine dauerhafte Befriedigung der Kundenbedürfnisse sollen die Unternehmensziele verwirklicht werden." [1]

Der *Markt* ist betriebswirtschaftlich gesehen die Nachfrageseite, wogegen man die Anbieter oft als Branche bezeichnet. Dabei lassen sich Absatz- und Beschaffungsmärkte unterscheiden - für das Marketing ist der Absatzmarkt von weit größerer Bedeutung. Ziel ist das geregelte Zusammenführen von Anbietern und Nachfragern von Waren und Dienstleistungen - real oder virtuell, d. h. das Einkaufen im Laden stellt genauso einen Markt dar wie das virtuelle Zusammentreffen von Anbieter und Nachfrager auf einer Verkaufsplattform wie bspw. eBay. Ein Markt ist oft durch recht dynamische Prozesse gekennzeichnet

---

[1] *Meffert, H.:* Marketing - Grundlagen marktorientierter Unternehmensführung,. 8. Aufl., Gabler, Wiesbaden 1998, S. 7.

und muss deshalb immer wieder neu gesucht und abgegrenzt werden. Mit den verfügbaren Marketinginstrumenten wird ein potentieller Markt zu einem realen Markt. Beschrieben werden kann der Markt durch seine Objekte[2]:

Die *7 K' s*

- Wer bildet den Markt?   Kunden
- Was wird gekauft?   Kaufobjekte
- Warum wird gekauft?   Kaufziele
- Wie wird gekauft?   Kaufprozess
- Wer spielt mit im Kaufprozess?   Kaufbeeinflusser
- Wann wird gekauft?   Kaufanlass
- Wo wird gekauft?   Kaufstätten

Das Unternehmen definiert seine Zielgruppe und versucht deren Wünsche entsprechend zu befriedigen. Essentiell notwendig dabei ist eine genauere Kenntnis über die potentiellen Kunden und die Kompetenz sich in das Denken des Kunden bis zu einem gewissen Punkt hineinzufinden.

Die sogenannten *4 P' s* sind Inhalt des klassischen Marketing-Mix (vgl. Kapitel 4) im weiteren Problemlösungsprozess und der Durchsetzung von Marketingzielen.

- Product
- Place
- Price
- Promotion

---

[2] Vgl. *Thommen, J.-P.; Achleitner, A.-K.:* Allgemeine Betriebswirtschaftslehre - Umfassende Einführung aus managementorientierter Sicht, 3. Aufl., Gabler, Wiesbaden 2001, S. 120-122.

Aufgrund von Zielen und der Ausgestaltung von Ideen werden Mittel bestimmt, Maßnahmen ergriffen und Marketing-Konzepte erarbeitet. Im weiteren Verlauf steht danach die Durchführung konkreter Aktionen.

„Marketing is the process of planning and executing the conception, pricing, promotion and distribution of ideas, goods, and services to create exchanges that satisfy individual and organizational objectives." [3]

Auf die Kombination der vier Marketinginstrumente, dem Marketing-Mix, wird im weiteren Verlauf noch detaillierter einzugehen sein.

2.2   Marketing im Wandel der Zeit

Historisch betrachtet gibt es mehrere Phasen die im Zusammenhang mit der gesamtwirtschaftlichen Entwicklung von Arbeit und Bevölkerung sowie den Verflechtungen zwischen Unternehmen und deren Umwelt stehen. Ausgehend vom Bild des Menschen als Selbstversorger, als unabhängigen Jäger und Sammler, lernt der Mensch entsprechend seiner Fähigkeiten sich zunehmend zu spezialisieren. Dies macht im Gegenzug den Austausch von Gütern notwendig. Optimal dafür waren zentrale Plätze, die ersten Marktplätze entstanden auf denen Händler Warenaustausch betrieben. Der Umschwung von Einzelanfertigung hin zur Massenproduktion sowie wachsende Konkurrenz war ursächlich für die Tatsache, dass ab einem gewissen Zeitpunkt Käufer die Wahl aus mehreren Angeboten haben und Hersteller um ihre Kundschaft werben müssen. Heutzutage sind moderne Einkaufszentren die Weiterentwicklung des mittelalterlichen Marktes.

---

[3]   URL: http://de.wikipedia.org/wiki/Marketing (s. Marketing News, March 1, 1985, Vol. 19, No. 5, S. 1), Abruf am 2008-02-03.

Eine aus heutiger Sicht moderne Gesellschaft erfordert zwar andere Konzepte und erbringt auch neue Ideen durch aktualisierte Bedürfnisse, Ansichten und Technologien wie bspw. virtuelle Versandhäuser alias Online Shops, einer besseren Kundennähe durch direkteren Informationsaustausch mit Hilfe moderner Computersysteme sowie vereinzelt auch die Erweiterung des Marktbegriffs, z. B. um Geldmarkt und Dienstleistungsmarkt. Die grundsätzliche Idee des Warenaustausches und der Gewinnerwirtschaftung gilt jedoch nach wie vor.

Nach diesen evolutionären Entwicklungsschritten des Warenaustausches wurde der Begriff des Marketing ursprünglich an amerikanischen Hochschulen zwischen 1905 und 1920 etabliert um das marktorientierte Handeln der Unternehmen zu verdeutlichen.[4] Der vom amerikanischen geprägte Begriff "Marketing" kann in etwa als die *"Lehre von der Absatzwirtschaft"* übersetzt werden.

Die Absatzwirtschaft beschreibt ein marktgerichtetes Handeln, bei dem es darauf ankommt potentiellen Kunden bereits gefertigte Güter zu verkaufen und dafür einen adäquaten Preis zu erzielen, der Gewinnschöpfung zum Ziel hat.[5]

In der Folge ergaben sich bislang die vier klassischen Phasen der Marketingentwicklung:

1. Phase der Produktionsorientierung:

Von den USA im 20. Jahrhundert ausgehend übersteigt nach dem 2. Weltkrieg auch in Europa die Nachfrage das verfügbare Angebot. Die industrielle Produktion ist hierbei schlicht nicht in der Lage den Güterbedarf zu decken, Produktionskapazitäten mussten erst wieder aufgebaut werden. Weitere Gründe sind steigende Einkommen und eine wachsende Bevölkerung. Entsprechend ergibt sich ein klassischer Verkäufermarkt, d. h. es existieren keinerlei Absatz-

---

[4] Vgl. URL: http://openpr.de/news/124391/Erfolgsdoc-de-oder-Marketing-im-Wandel-der-Zeit.html, Abruf am 2008-02-04.

[5] Vgl. *Meffert, H. et al.*, Marketing – Grundlagen marktorientierter Unternehmensführung, 10. Aufl., Gabler, Wiesbaden 2008, S. 7.

probleme. Die Produktion hatte höchste Priorität (Primat der Produktion).

2. Phase der Verkaufsorientierung:

Nach der Wiederherstellung von Produktionskapazitäten und zunehmenden technischen Fortschritts und einhergehender Rationalisierungen treten erste Sättigungserscheinungen auf, die Produkte verkauften sich nicht mehr „wie von alleine". Überkapazitäten und sinkende Preise folgten, was die Unternehmen veranlasste ihre zentralen Bemühungen von der Produktion auf den Absatz zu verlagern (Primat des Absatzes). Instrumente wie Werbung und verbesserter Außendienst wurden immer wichtiger.

3. Phase der Marktorientierung:

Mit verstärktem Wettbewerb und erhöhten Verkaufsanstrengungen wurde die strategische Unternehmensplanung ein wichtiger Faktor. Es sollte sichergestellt werden, dass nur noch das produziert wird, was auch tatsächlich abgesetzt werden kann. *„Je besser man diese Nachfrage in qualitativer (was?) und quantitativer (wie viel?) Hinsicht erfassen konnte, um so erfolgreicher glaubte man zu sein.. Es erfolgte deshalb eine verstärkte Ausrichtung auf die Bedürfnisse der potentiellen Kunden und somit eine Marktorientierung. Oberstes Prinzip wurde das Primat des Marktes."[6]*
Marketing erlangt eine integrative Position, die alle anderen Betriebsfunktionen mit einbezieht.

---

[6] *Thommen, J.-P.; Achleitner, A.-K.:* Allgemeine Betriebswirtschaftslehre - Umfassende Einführung aus managementorientierter Sicht, 3. Aufl., Gabler, Wiesbaden 2001, S. 116.

4. Phase der Umweltorientierung

Eine Erweiterung des Marketingbegriffs ergab sich hinsichtlich der Umwelt eines Unternehmens. Aufmerksamkeit ist nicht nur auf Kunden und Wettbewerber zu richten, auch Anspruchsgruppen wie Lieferanten, Fremdkapitalgeber und Arbeitnehmer, ökologische, staatliche und gesamtgesellschaftliche Interessen und Motive sind langfristig für eine erfolgreiche Unternehmung zu berücksichtigen.

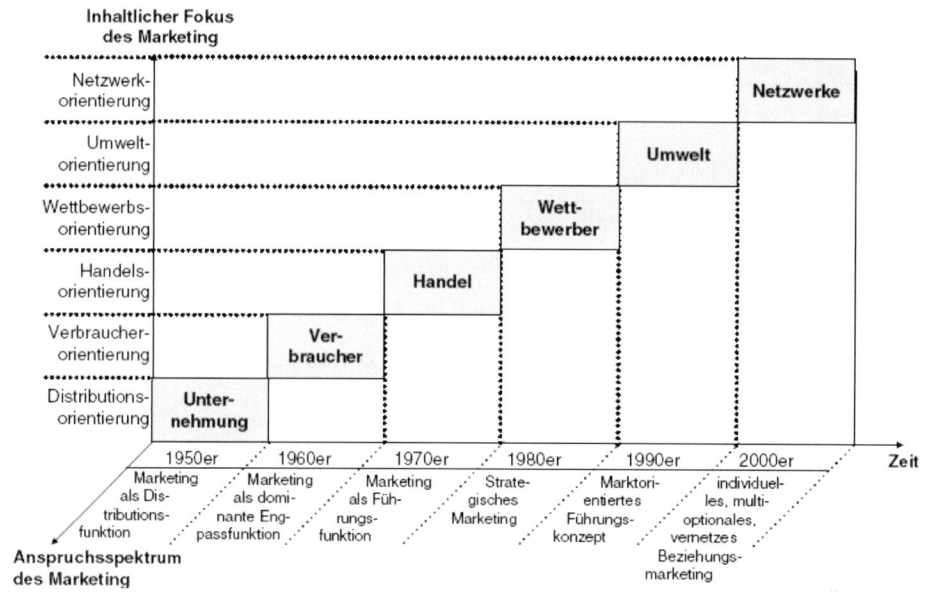

Abb. 1: Überblick über die Entwicklung des Marketing[7]

Die Entwicklung ist damit nicht abgeschlossen. Es liegt im Wesen des Marke-

---

[7]   *Meffert, H.:* Marketing - Grundlagen marktorientierter Unternehmensführung,. 9. Aufl.,
      Gabler, Wiesbaden 2000, S. 5.

tings dynamisch auf neue Herausforderungen und Aspekte zu reagieren, falls notwendig.

Rasche Entwicklungen von Informations- und Kommunikationstechnologien führen schon heute zu wachsender Relevanz von Netzwerken wie Internet und Intranet.

2.3 Marktsegmentierung

Die Marktsegmentierung stellt die Aufteilung eines Marktes in klar abgegrenzte Untergruppen von Kunden nach verschiedenen Kriterien dar. Ziel ist eine möglichst effektive Aufteilung für eine erfolgreiche Marktrealisierung. Im Wesentlichen sollen Neuprodukte richtig positioniert, Konsumentenbedürfnisse besser befriedigt und somit Wettbewerbsvorteile erlangt werden.

Ein Unternehmen sollte sich deshalb prinzipiell gut überlegen welche Kundengruppe es welche Art von Produkten anbieten will und auf welche Untergruppe sie ihr Marketing-Programm fokussieren will. Je homogener eine Gruppe ist, desto einfacher gestaltet sich die Wahl der Marketing-Instrumente. Es ist demnach eine möglichst hohe Übereinstimmung zwischen Bedürfnissen, die ein Anbieter befriedigen kann, und den Bedürfnissen, die eine bestimmte Käufergruppe auszeichnen, herzustellen. Diese Marktidentifizierung[8] dient im Einzelnen:

- der Abgrenzung des relevanten Produktmarktes,

- der Ermittlung relevanter Marktsegmente im Produktmarkt

---

[8]   Vgl. *Meffert, H. et al.:* Marketing – Grundlagen marktorientierter Unternehmensführung, 10. Aufl., Gabler, Wiesbaden 2008, S. 182-211.

- dem Auffinden von Marktlücken

- der besseren Befriedung von Konsumentenbedürfnissen

Abbildung 2 stellt eine mögliche Marktsegmentierung im Bereich Herrenmode dar. Je genauer das Wissen über die Zielgruppe ist umso bessere Maßnahmen können – insb. beim Marketing-Mix (s. u.) – ergriffen werden.

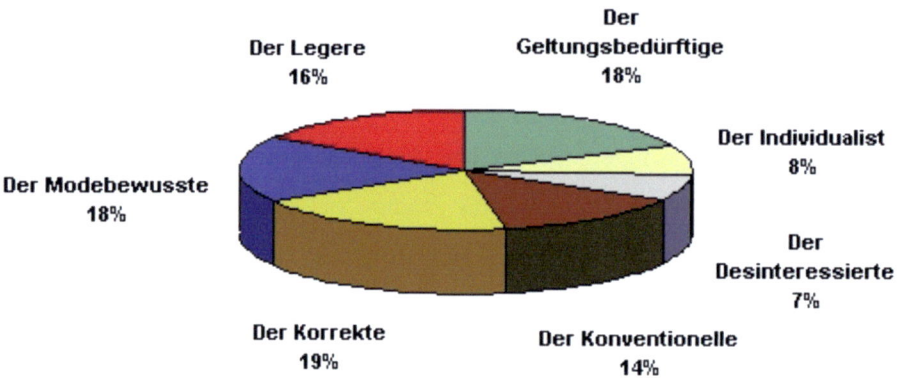

Abb. 2: Marktsegmentierung bei Herrenmode[9]

Segmentierungskriterien können bspw. demographisch, geographisch oder psychographisch sein. Wichtig ist, dass diese Kriterien konstant und möglichst gut messbar sind sowie ein Kausalzusammenhang zwischen Kriterium und beworbenem Produkt existiert. Die Segmentgröße wird entsprechend den Fertigungskapazitäten sinnvoll gewählt, d.h. nur genügend große Marktsegmente lohnen ein eigenes Marketing-Konzept.

---

[9]   URL: http://www.teialehrbuch.de/Kostenlose-Kurse/Basiswissen-fuer-Selbststaendige/images/pic_1_2_1.gif, Abruf am 2008-02-04.

2.4 Marktgrößen

Der Bereich Marktgrößen[10] umfasst drei wichtige quantitative Kennzahlen:

- Marktpotenzial
- Marktvolumen
- Marktanteil

Das *Marktpotenzial* stellt die maximal denkbare Aufnahmefähigkeit eines Guts oder einer Dienstleistung im Markt dar.

Das *Marktvolumen* ist die Summe der tatsächlich erzielten Umsätze für ein Gut oder eine Dienstleistung auf einem Markt.

Der *Marktanteil* entspricht dem realisierten Absatzvolumen in Prozentpunkten des Marktvolumens. Damit zeigt sich die relative Stärke gegenüber der Konkurrenz was wiederum in direktem Zusammenhang zu eigenen Marketinganstrengungen bzw. deren Wirksamkeit steht.

Berechnung: (Unternehmungsumsatz * 100) / Marktvolumen

Sind einem Unternehmen diese Kennzahlen bekannt, kann es daraus Rückschlusse ziehen. Falls das Marktvolumen signifikant unter dem Marktpotenzial liegt, besteht die Chance mit Hilfe erhöhter Marketinganstrengungen noch nicht realisierte Marktanteile zu erlangen. Sind Marktpotenzial und Marktvolumen jedoch ähnlich hoch ist der Markt relativ gesättigt.

---

[10] Vgl. *Thommen, J.-P.; Achleitner, A.-K.:* Allgemeine Betriebswirtschaftslehre - Umfassende Einführung aus managementorientierter Sicht, 3. Aufl., Gabler, Wiesbaden 2001, S. 130-134.

3 Marktforschung

Innerhalb eines Unternehmens sind fortlaufend Entscheidungen bzgl. Marketing-Zielen, -Maßnahmen, –Mittel und der allgemeinen Produktpolitik zu treffen. Den Marketingentscheidungen liegen bestimmte Annahmen über bestimmte Reaktionen des Marktes zugrunde. Dazu zählen Käufer, Konkurrenten, Lieferanten u. a. Personenkreise. Diese Annahmen stützen sich auf Erfahrungswerten, die auch stark von Zufällen, Gerüchten, individuellen Geschehnissen oder Intuition geprägt sind. Erst die Markt- und Meinungsforschung bringt gesicherte und begründete Informationen über den Markt. Die Beschaffung der Informationen ist aufgrund der hohen Dynamik des Marktes sowie unbeeinflussbaren externen Faktoren (z. B. Politik,, Modeströmungen, Wirtschaftsentwicklung etc.) umfangreich und diffizil.[11]

Gerade jedoch um sich vor folgenreichen Fehleinschätzungen zu schützen ist eine systematische Informationsgewinnung sinnvoll.

"Marktforschung ist eine systematische, empirische Untersuchungstätigkeit mit dem Zweck der Informationsgewinnung oder -verbesserung über objektiv bzw. subjektiv bedingte Markttatbestände und -phänomene als Grundlage beschaffungs- und absatzpolitischer Entscheidungen. Ihren generellen Gegenstand bildet somit der Markt als der Ort des Zusammentreffens von Angebot und Nachfrage."[12]

Marktforschung ist wesentlicher Bestandteil des Marketing, denn je genauer die Marktforschung und deren ausgewerteten Ergebnisse ausfallen, desto klügere Entscheidungen können daraufhin getroffen werden. Der deutsche Apho-

---

[11] Vgl. *Thommen, J.-P.; Achleitner, A.-K.:* Allgemeine Betriebswirtschaftslehre - Umfassende Einführung aus managementorientierter Sicht, 3. Aufl., Gabler, Wiesbaden 2001, S. 137-138.

[12] *Hammann, P.; Erichson, B.:* Marktforschung. 4. Aufl., UTB, Stuttgart 2000, S. 30.

ristiker Erwin Koch formuliert es etwas prägnanter:

„Marktforscher schauen dem Volk aufs Maul, um es ihm anschließend besser stopfen zu können."[13]

3.1 Kriterien der Marktforschung

Je nach Art und individuellen Bedürfnissen einer Marktforschung kann deren Methode nach diversen Kriterien[14] unterschiedlich ausgestaltet werden.

1. *Marktabgrenzung:* Marktforschung kann sich beziehen auf
   - **Beschaffungsmarkt**
   - **Absatzmarkt**

2. *Ziel* der Marktforschung
   - **Marktforschung im engeren Sinne** (Marktpotenzial, Marktvolumen, Marktanteil)
   - **Marktforschung im weiteren Sinne**, was auch die Untersuchung einzelner Marketing-Instrumente einbezieht (Marketing-Forschung).

---

[13] *Koch, E.,* URL: http://www.aphorismen.de/display_aphorismen.php, Abruf am 2008-02-06.
[14] Vgl. *Thommen, J.-P.; Achleitner, A.-K.:* Allgemeine Betriebswirtschaftslehre - Umfassende Einführung aus managementorientierter Sicht. 3. Aufl., Gabler, Wiesbaden 2001, S. 138-140.

3. *Zeitlicher Bezug* der Marktforschung

- **Marktanalyse**, d. h. statische Analyse über momentane Struktur und Größe.
- **Marktbeobachtung** dagegen untersucht Veränderungen und Trends der Märkte über mehrere Zeitperioden.
- **Marktprognose** schließlich versucht aus vorhandenen und verifizierten Informationen Rückschlüsse auf zukünftige Entwicklungen zu ziehen.

4. *Art der Informationsgewinnung*

- **Primärmarktforschung (Field Research)** wird explizit zur Beantwortung einer spezifischen Fragestellung durchgeführt.
- **Sekundärmarktforschung (Desk Research)** greift auf bereits vorhandene Informationen zurück.

5. *Datenquellen*

- **außerbetriebliche** Quellen, welche Informationen von unternehmensexternen Organisationen beinhalten.
- **innerbetriebliche** Quellen, die nur Informationen aus dem eigenen Unternehmen darstellen.

6. *Träger*

- **interne** Marktforschung, die vom Unternehmen selbst wahrgenommen wird (z. B. durch eine eigene Stelle / Abteilung).
- **externe** Marktforschung, die von selbstständigen Institutionen durchgeführt wird, welche auf diesem Gebiet spezialisiert sind (Marktforschungsinstitute)

7. *Aussagen*

- **Deskriptive** Marktforschung: Beschreibung vergangener oder gegenwärtiger Entwicklungen.

- **Explikative** Marktforschung: Erklärung anhand von Einflussfaktoren, warum eine Entwicklung in eine bestimmte Richtung erfolgt ist.

- **Prognostische** Marktforschung: Voraussage von Tendenzen wobei die Qualität umso höher ist, desto besser es gelingt die für eine Situation verantwortlichen Einflussfaktoren zu identifizieren.

8. *Erfassung* der Informationsträger

- **Voll-** oder **Totalerhebung**, wobei alle Elemente einer Grundgesamtheit (z. B. Dorfbewohner) erfasst werden.

- **Teil-** oder **Partialerhebung**, bei der aus verschiedenen Gründen (Kosten, Zeit) nur ein Teil der Grundgesamtheit berücksichtigt wird.

3.2 Marktforschungsmethoden

Marktforschungsmethoden werden je nach Absicht ausgewählt. Ausgangspunkt ist dabei eine Einteilung in *Primär-* und *Sekundärmarktforschung.*[15]

---

[15] Vgl. *Thommen, J.-P.; Achleitner, A.-K.:* Allgemeine Betriebswirtschaftslehre - Umfassende Einführung aus managementorientierter Sicht, 3. Aufl., Gabler, Wiesbaden 2001, S. 140-158

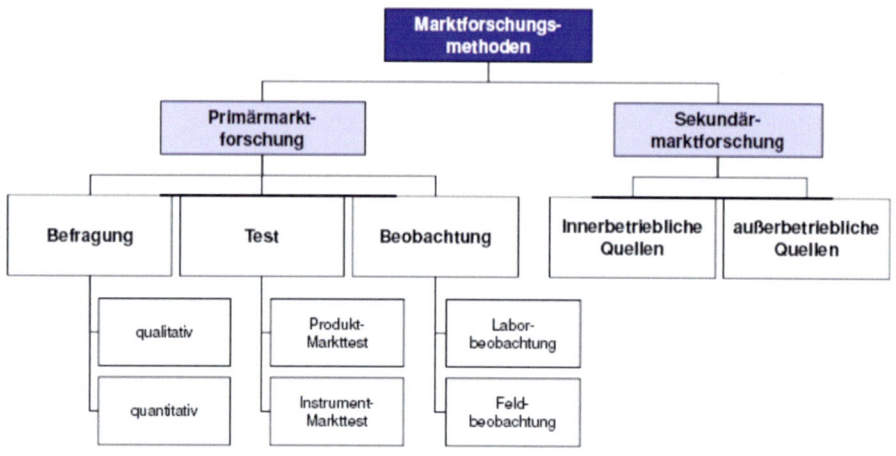

Quelle: Thommen/Achleitner 2003

Abb. 3: Marktforschungsmethoden[16]

Bei der Primärmarktforschung bzw. Field Research werden Informationen für eine bestimmte Problemstellung durch direkte Untersuchung von Marktteilnehmern selbst ermittelt. Sowohl Problembezogenheit, Exaktheit als auch Kosten sind höher als bei einer Sekundärmarktforschung. Die Erhebung kann durch Befragung, Test oder Beobachtung erfolgen. Befragungen werden grundsätzlich in quantitative (relativ große Strichprobe, vorformulierte Fragen) und qualitative (nicht repräsentative Anzahl mit psychologisch geschulten Interviewern) Umfragen unterteilt. Bei einem Test wird eine Situation geschaffen, in denen Zusammenhänge bestätigt werden sollen. Das Produkt wird vor der Markteinführung in einem Testgebiet erprobt. Reales Kaufverhalten soll bspw. Saarland als ein Testmarkt repräsentativ für das ganze Bundesgebiet imitieren. Auch Beobachtung ist eine Erhebungsmöglichkeit, unterteilt in Laborbeobachtungen in speziellen Räumen sowie der Feldbeobachtungen am Verkaufsort.

---

[16] *Thommen, J.-P.; Achleitner, A.-K.:* Allgemeine Betriebswirtschaftslehre - Umfassende Einführung aus managementorientierter Sicht. 3. Aufl., Gabler, Wiesbaden 2001, S. 141.

Die Sekundärmarktforschung bzw. Desk Research greift auf bereits vorhandene Informationen zurück. Dabei geht es um „Forschung am Schreibtisch", eben einer Zweitverwendung. Quellen für die sekundäre Marktforschung können u. a. Veröffentlichungen diverser Institute, Angaben der statistischen Ämter, Kataloge, Geschäftsberichte usw. sein. Sekundärmarktforschung ist meist kostengünstiger als vergleichbare Primärmarktstudien. Die Daten stammen entweder aus dem Unternehmen (interne Daten) oder von Institutionen außerhalb (externe Daten).

Sowohl Primär- als auch Sekundärmarktforschung sollten bei ihrer Informationsgewinnung vier Gütekriterien[17] genügen:

- **Zuverlässigkeit** (wie zuverlässig misst ein Instrument Daten?)

- **Gültigkeit** (sind die Messergebnisse auf die Realität übertragbar?)

- **Reaktivität** (beeinflusst das Instrument selbst das Messergebnis?)

- **Objektivität** (sind die Messvorgänge unabhängig vom Messenden?)

---

[17] *Meffert, H. et al.:* Marketing – Grundlagen marktorientierter Unternehmensführung. 10. Aufl., Gabler, Wiesbaden 2008, S. 155.

4 Marketing-Mix

Der Marketing-Mix erläutert die Abstimmung der operativen Marketing-Instrumente untereinander. Die klassischen Marketing-Instrumente sind die Produkt- und Sortimentspolitik, Preispolitik, Distributionspolitik sowie die Kommunikationspolitik. Ausgehend von den englischen "4 P' s: *Product, Price, Place, Promotion* nach Jerome McCarthy.[18]

Im Zentrum aller Entscheidungen stehen sowohl die eigenen Unternehmensinteressen als auch die Bedürfnisse des Kunden. Die Marktbedürfnisse werden direkt durch den Kunden beeinflusst. Eben weil der Kunde meist die Wahl aus vielen Wettbewerbern hat ist es sehr wichtig den Kunden in den Mittelpunkt zu stellen und dadurch den Kundennutzen zu optimieren. Die Folge wird auch ein gesteigerter Unternehmenserfolg sein. Im Marketing-Mix werden aus Ideen und Strategien konkrete Aktionen.

---

[18] *McCarthy, J.:* Basic Marketing: A managerial approach. Homewood Illinois 1960, S. 45.

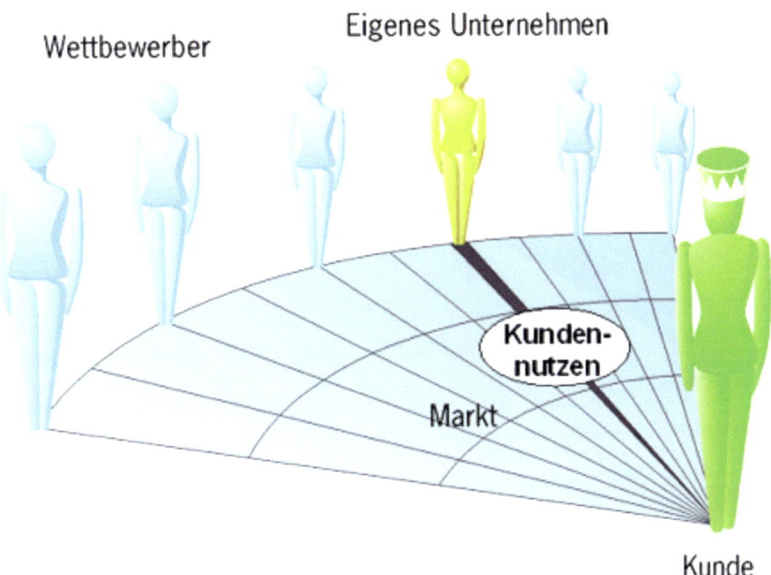

Abb. 4: Fokussierung auf den Kunden[19]

Die Marketing-Instrumente beschreiben diejenigen Marketingmittel und –maßnahmen mit denen ein Unternehmen eine zuvor per Marktforschung anvisierte Zielgruppe, nach deren Bedürfnissen über Produkte oder Dienstleistungen bedient, mit dieser Zielgruppe kommuniziert, den Vertrieb organisiert und Preise festlegt. Diese Maßnahmen können sich ergänzen, hemmen oder gar ausschließen. Ein gelungener Marketing-Mix muss deshalb zentrales Anliegen der marketingverantwortlichen Personen sein. Durch eine gelungene kundenorientierte Kombination ergeben sich gerade hier Synergie-Effekte, die helfen gesetzte Ziele zu erreichen. Systematisches Vorgehen sowie kontinuierliche Kontrolle und Mix-Optimierung sind notwendig um effizient und flexibel auf

---

[19] URL: http://www.schauenburg-consulting.de/images/corporate/kundennutzen.jpg, Abruf am 2008-03-20.

neue Bedingungen einwirken zu können. Ein auf den Nachfragernutzen ausgerichtetes Leistungsprogramm soll Marketing- und Unternehmensziele langfristig gewährleisten.[20]

4.1 Produktpolitik

Die Produktpolitik hat das Ziel, die Bedürfnisse und Wünsche der Konsumenten mit den Produkten und Dienstleistungen des Unternehmens zufriedenzustellen und bestenfalls durch die unternehmenseigene Markenpolitik zu formen. Sie befasst sich dabei mit Realgütern (z.B. Konsumgüter und immaterielle Güter) als auch Nominalgütern (z.B. Geld, Verbindlichkeiten).

Nachdem die Bedürfnisse der Kunden identifiziert sind wird das Absatzprogramm gestaltet in:

1. **Einzelne Produkte**
2. *Produktgruppen* in der gleichartige Produkte zusammengefasst sind, bspw. verschiedene Ausführungen eines Produkts (z. B. Mercedes Avantgarde, Elegance oder Classic).
3. **Produktlinien**, die verschiedene Produktgruppen umfassen. Ein Automobilhersteller kann bspw. PKW, LKW oder Motorräder bauen.

Intention der Produktpolitik ist ein individuell optimales Absatzprogramm des Unternehmens, also eine möglichst hohe Übereinstimmung vorhandener Bedürfnisse der Kundschaft mit dem Absatzprogramm des Unternehmens, insbesondere im Handel alternativ auch *Sortiment* genannt.

---

[20] Vgl. *Meffert, H. et al.:* Marketing – Grundlagen marktorientierter Unternehmensführung. 10. Aufl., Gabler, Wiesbaden 2008, S. 397.

Entscheidend für das Gelingen dieses Vorhabens ist die Herangehensweise, Motivation und Haltung. Produktpolitik ist m. M. n. allen Marketing-Mix-Instrumenten überzuordnen, denn sie bestimmt / bedingt auch maßgeblich alle anderen Entscheidungen mit. *„Der Markt ist nicht unverrückbar, er wird täglich neu verteilt.“*[21]

Konkurrenz wird dabei grundsätzlich als *„Schädigung der eigenen Interessen durch Absatzrückgang“*[22] und somit als Beschränkung von Handlungsfreiheit gesehen.

Umso nützlicher ist es dabei für ein Unternehmen ein Produkt im Repertoire zu haben mit dem die Kunden eine gewisse Sehnsucht verbinden. Viele Liebhaber von eleganten klassischen Roadstern sehen bspw. im BMW Z8 den Inbegriff ursprünglicher Fahrfreude, gepaart mit der Sehnsucht nach Wind und Sonne. Der Technologieträger verkörpert das Beste an Technik, was im Automobilbau zu der Zeit möglich war. Dessen Strahlkraft färbt dabei allerdings auch positiv auf andere Modellvarianten ab, was logischerweise von BMW durchaus geplant ist, die zuvor mit einiger Sicherheit durch Marktforschungsstrategen die zahlungskräftige, stilvolle sowie sportlich-dynamische Klientel ins Auge gefasst haben.

Bezüglich des *Produktprogramms* ergeben sich folgende Möglichkeiten:[23]

1. **Produktinnovation**
   Entwicklung neuer Produktlinien (der Produktdifferenzierung und Produktdiversifikation vorgeschaltet).

---

[21] *Brugger, K.*: URL: http://www.moving-target.de/index.php/buchblogger/C79/, Abruf am 2008-02-18

[22] *Tolksdorf, M.:* Dynamischer Wettbewerb – Einführung in die Grundlagen der deutschen und internationalen Wettbewerbspolitik. Gabler, Wiesbaden 1994, S. 76.

[23] Vgl. URL: http://de.wikipedia.org/wiki/Produktpolitik, Abruf am 2008-03-12.

2. **Produktvariation**

   Eine bestehende Produktlinie wird hinsichtlich Technik, Material oder Design verbessert.

3. **Produktdifferenzierung**

   Eine bereits vorhandene Produktlinie wird um eine weitere ergänzt.

4. **Produktdiversifikation**

   Aufnahme neuer Produktlinien, die horizontal, vertikal oder lateral in Be-
   ziehung zu den bisherigen stehen.

5. **Produktelimination**

   Ein Produkt wird vom Markt genommen (abrupt oder graduell).

Bezüglich des *Lebenszyklus* eines Produktes ergeben sich folgende Entwicklungen (Phasen):

Die Lebensspanne eines Produktes im Markt lässt sich meist in fünf klar auf-
einander folgenden Phasen[24] unterteilen:

---

[24] Vgl. URL: http://www.at-mix.de/ecommerce/marketing-02010401.htm, Abruf am 2008-
03-12.

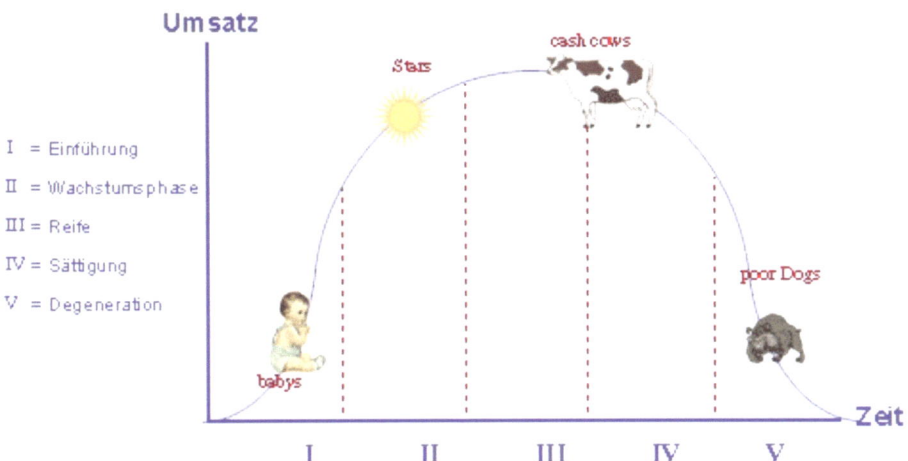

Abb. 5: Produktlebenszyklus[25]

1. Einführungsphase

Das Produkt wird am Markt eingeführt, und hat mit Kaufwiderständen zu kämpfen. Werbung, Verkaufsförderung und eine aggressive Preistaktik sind die wichtigsten Elemente einer Einführungsstrategie, da das neue Produkt zuerst bekannt gemacht werden muss. Der Umsatz ist in dieser Phase aufgrund der hohen Marketing-Investitionen gering.

2. Wachstumsphase

Einführungsanstrengungen zeigen Wirkung, der Umsatz steigt in dieser zweiten Phase stark an, die Gewinnschwelle (Break-Even-Point)[26] wird überschritten. Häufiger treten in dieser Phase Konkurrenzprodukte auf, die sich oft in Qualität oder Preis unterscheiden und ebenfalls neue Käuferschichten erschließen lassen.

---

[25] URL: http://www.at-mix.de/images/internet/produktlebenszyklus.gif, Abruf am 2008-02-18
[26] Vgl. URL: http://de.wikipedia.org/wiki/Gewinnschwelle, Abruf am 2008-03-12.

3. Reifephase

In dieser Phase nehmen die Umsatzzuwachsraten langsam ab, das absolute Marktvolumen steigt jedoch oft noch an. Hier wird oft der höchste Gewinn erzielt. Erhaltungsmarketing und Produktdiversifikationen oder Updates sind hier gefordert, um weitere Marktsegmente zu erschließen.

4. Sättigungsphase

Das Umsatzwachstum kommt vollends zum erliegen und die Marktsättigung führt zu einem erhöhten Konkurrenzkampf der Anbieter. Weitere Diversifikationstrategien und Marketing-Maßnahmen sind erforderlich, bspw. Preissenkungen, technische oder optische Veränderungen.

5. Degenerationsphase

Sollte der Umsatzrückgang auch mit dem Einsatz entsprechender Marketing-Maßnahmen nicht aufzuhalten sein und mittelfristig Deckungsbeiträge oberhalb des Break-Even-Points nicht realisierbar erscheinen, tritt das Produkt in seine abschließende Lebensphase ein und wird vom Markt genommen. Die Gründe sind vielfältig, oftmals technische Veraltung oder Modeerscheinungen bzw. die Präsenz technisch besserer oder gefragterer Konkurrenzprodukte.

4.2 Konditionenpolitik

*„Die **Konditionenpolitik** umfasst die Entscheidungen über die Preise der angebotenen Produkte sowie die damit verbundenen Bezugsbedingungen wie Rabatte, Skonti und Kreditfinanzierung."*[27]

Die *Preispolitik*[28] verfolgt vornehmlich das Ziel, mit Hilfe der Preisgestaltung für den Konsumenten Kaufanreize zu bieten. Ein wichtiges Entscheidungsproblem ist dabei die optimale *Preisuntergrenze* festzulegen. Die *Preisobergrenze* hingegen ist durch die Nachfrage determiniert. Sie liegt grundsätzlich dort, wo der vom Kunden wahrgenommene Preis auch der persönlichen Wertschätzung des Produkts entspricht.

Die Preisuntergrenze basiert auf einer Analyse der Deckungsbeitragsrechnung, welche insbesondere die Produktions- und Materialkosten berücksichtigt. Die *kurzfristige Preisuntergrenze* deckt zumindest die variablen Kosten für ein Produkt, wie z.B. Materialkosten, Lohnkosten etc.

Die *langfristigen Preisuntergrenze* deckt variable als auch fixe Kosten, z.B. Leasingraten, Raummieten, Abschreibungen für Maschinen. Die langfristige Preisuntergrenze beschreibt somit die Gewinnschwelle, bei der die Gesamtkosten gedeckt sind und der Gewinn null beträgt. Mit der kostenorientierten Preispolitik wird demnach nicht etwa die Höhe des zu verlangenden Preises festgelegt, sondern sie liefert die Grundlage für die Entscheidung, ob sich die Produktion und/oder der Vertrieb des Produkts überhaupt rentiert. Allerdings kann durch besondere Umstände begründet die Preisuntergrenze kurzzeitig durchaus durchbrochen werden:

---

[27] *Thommen, J.-P.; Achleitner, A.-K.:* Allgemeine Betriebswirtschaftslehre - Umfassende Einführung aus managementorientierter Sicht. 3. Aufl., Gabler, Wiesbaden 2001, S. 205.

[28] Vgl. *Thommen, J.-P.; Achleitner, A.-K.:* Allgemeine Betriebswirtschaftslehre - Umfassende Einführung aus managementorientierter Sicht. 3. Aufl., Gabler, Wiesbaden 2001, S. 205-207.

- Einführung eines neuen Produkts i. V. m. dessen Markterschließung
- Abgestimmte zeitlich begrenzte Marketing-Aktionen
- Kurzfristiger Ausgleich eines Nachfragerückgangs

Die praxis- und marktorientierte Preisfindung orientiert sich sowohl an den Preisen der Konkurrenz wie auch an Handlungsweisen der Nachfrager und hat üblicherweise das Ziel der Gewinnmaximierung. Daneben können aber auch die Festlegung eines bestimmten Preisimages, Gewinnung von Marktanteilen oder Kundenbindung Ziele sein.[29]

Die Bestimmung des gewinnmaximalen Preises erfordert neben Verhaltensanalysen und Marktforschung auch der Beachtung der Marktform, in dem sich das Unternehmen befindet. Der Gleichgewichtspreis, also der Schnittpunkt von Angebots- und Nachfragekurve, ist maßgeblich abhängig von verschiedenen Marktformen (Polypol, Oligopol, Monopol). Für den Konsumenten ist ein Polypolmarkt theoretisch günstiger, weil sich in einem kompetitiven Markt Angebot und Nachfrage ausgleichen, während bei Oligopol und Monopol die Preisfindung oft willkürlich oder anbieterlastig ausfällt. Im Bereich der Telekommunikation geraten z. B. klassische Ex-Monopolisten wie die Telekom durch zunehmenden Konkurrenzdruck von Kabelnetzen und anderen alternativen Anbietern in Bedrängnis. Statt der ehemals hohen Preise gibt es dort heute relativ viel Gegenwert (Leistung und Service) für den Kunden. Das Gegenbeispiel des (theoretisch liberalisierten) Strommarktes illustriert deutlich das Funktionieren monopolistischer Strukturen bzw. das Nicht-Funktionieren des freien Marktes. Das Oligopol der vier großen Stromanbieter - E.on, RWE, EnBW und Vattenfall - deckt ca. 90 % der Stromversorgung Deutschlands ab und setzt dabei auf friedliche Koexistenz auf hohem Preisniveau statt auf Wettbewerb. Sie können es sich durchaus (noch?) erlauben die Preise recht

---

[29] Vgl. *Meffert, H. et al.:* Marketing – Grundlagen marktorientierter Unternehmensführung. 10. Aufl., Gabler, Wiesbaden 2008, S. 482-484.

willkürlich zu bestimmen. Konkret steht dabei immer wieder der Vorwurf kartellrechtswidriger Aufteilung von Versorgungsgebieten im Raum.[30]

Abb. 6: Aufteilung des Strommarktes[31]

„Bei hoher Anbieterkonzentration kann damit gerechnet werden, daß sich die wenigen großen Unternehmen über die Höhe und die Änderungsraten ihrer Marktpreisforderungen verständigen, mindestens jedoch aggressive Handlungen gegeneinander vermeiden. Daß das die Dynamik des Wettbewerbs auf diesem Markt abbremsen dürfte, ist leicht einzusehen.“ [32]

---

[30] Vgl. URL: http://www.stern.de/wirtschaft/unternehmen/unternehmen/:Abspracheverdacht-Razzien-Stromkartell/562328.html, Abruf am 2008-03-20

[31] URL: http://upload.wikimedia.org/wikipedia/commons/5/5b/Regelzonen_deutscher_Übertragung snetzbetreiber.jpg, Abruf am 2008-03-18

[32] *Tolksdorf, M.:* Dynamischer Wettbewerb – Einführung in die Grundlagen der deutschen und internationalen Wettbewerbspolitik. Gabler, Wiesbaden 1994, S. 56.

Daneben existieren auch Präferenzen, die die Einheitlichkeit des Marktpreises aufheben können. Käufer, die eine bestimmte Marke bevorzugen, sind bereit, einen höheren Preis als für Substitutionsgüter zu bezahlen. Der daraus resultierende preispolitische Spielraum (monopolistischer Bereich) kann gewinnsteigernd genutzt werden. Kleidermarken wie bspw. Joop oder Calvin Klein genießen beim Kunden ein ganz anderes Prestige als H&M oder C&A Kleidung, was nicht vollständig oder rational durch eventuell vorhandene Qualitätsunterschiede erklärt werden kann. An dieser Stelle sei nochmals auf die hohe Relevanz der Markforschung verwiesen, welche auch die Frage klären soll, welches Produkt das Unternehmen für welchen Typ Konsument anbieten will. Gewinn lässt sich sowohl über die Quantität des Absatzes (bspw. C&A Kleidung) als auch über Qualität / Prestige und damit verbundenem Preis (bspw. Armani Kleidermode) realisieren.

Weitere Gestaltungsmittel können *Rabatte* sein. Diese Art der Preisnachlässe werden oft eher eingesetzt als echte Preissenkungen, da diese nur sehr schwer rückgängig zu machen sind. Für Rabatte werden von den Kunden aber auch entsprechende Gegenleistungen erwartet bzw. stellen Sie ein Dankeschön für Kundenbindung oder Kaufmenge dar. Beispiele sind Treuerabatte, Mengenrabatte, Frühbucherrabatte, Boni, Skonti und sonstige Leistungsrabatte.

4.3 Distributionspolitik

*„Unter der **Distribution** eines Produktes versteht man die Gestaltung und Steuerung der Überführung dieses Produktes vom Produzenten zum Käufer.“*[33]

Darunter fallen sämtliche Entscheidungen im Zusammenhang mit der internen und externen Vertriebsorganisation, welche durch Marketing-Instrumente den Kontrakt zwischen Anbietern und Abnehmern herstellt.[34]
Wesentlich sind dabei vor allem zwei Punkte:

1. Wahl des **Absatzweges**: Unternehmen können **direkt** an Kunden gelangen oder **indirekt** durch sogenannte Absatzmittler, die Distributionsfunktion übernehmen. Sowohl beim direkten wie auch indirekten Absatzweg stehen unterschiedliche Distributionsformen bereit (z. B. Niederlassung, Außendienstmitarbeiter, Gross- und Einzelhandel) wobei man auf das Know-how und die Kontakte bestehender Vertriebsstrukturen zurückgreifen kann.

2. Wahl des **Absatzorgans**: Grundsätzliche Einteilung in **unternehmenseigene** und **unternehmensfremde** Organe. Innerhalb betriebseigener Vertriebsorgane ist der Vertrieb unmittelbar in den laufenden Betrieb integriert, was eine bessere Einflussnahme und Kontrolle ermöglicht, jedoch auch den Aufbau der Strukturen nötig macht. Betriebsfremde Absatzorgane erwerben Eigentum an der Ware (bspw. Groß- und Einzelhandel).

Absatzweg und Absatzorgan werden zusammengefasst als **Absatzmethode** bzw. **Absatzkanal**. Alternativ findet sich auch der Ausdruck **Akquisitorische**

---

[33]   *Thommen, J.-P.; Achleitner, A.-K.:* Allgemeine Betriebswirtschaftslehre - Umfassende Einführung aus managementorientierter Sicht. 3. Aufl., Gabler, Wiesbaden 2001, S. 181.
[34]   Vgl. *Thommen, J.-P.; Achleitner, A.-K.:* Allgemeine Betriebswirtschaftslehre - Umfassende Einführung aus managementorientierter Sicht. 3. Aufl., Gabler, Wiesbaden 2001, S. 181-185.

Distribution, was die Intension zur „Akquise" von Kundenaufträgen i. V. m. der Ausgestaltung der Unternehmenseinbindung in die Distribution deutlich machen soll. Durch neuere Entwicklungen wie bspw. **Channel-Marketing** versuchen Unternehmen Potenziale voll auszuschöpfen, Wettbewerbsvorteile zu erlangen und durch optimierte Vertriebskanäle den Umsatz zu steigern.

Die Distributionspolitik wird von diversen von Einflussfaktoren bestimmt:

1. Leistungsbezogene Faktoren

- Erklärungsbedürftigkeit der Leistung
- Lagerfähigkeit der Leistung
- Transportempfindlichkeit der Leistung
- Wert der Leistung

2. Kundenbezogene Faktoren

- Anzahl der Kunden (wenige, viele)
- geographische Verteilung (dicht gedrängt, weit verteilt)
- Bedarfshäufigkeit seitens des Kunden
- Einkaufsgewohnheiten (zeitlich, bevorzugte Beschaffungswege)
- Aufgeschlossenheit gegenüber Verkaufsmethoden (Virtual-shopping, Tupperware-Partys, Powershopping)

3. Konkurrenzbezogene Faktoren

- Marktform (Anzahl der Konkurrenten)
- Produktdifferenzierung (Art der Konkurrenzprodukte)
- Absatzwege der Konkurrenz (bspw. Versand, Haustürgeschäft)

4. Unternehmensbezogene Faktoren

- Größe (Umsatz)
- Marktmacht (Marktanteil)
- Leistungsprogramm (Art und Anzahl der Produkte)
- Erfahrungen (z. B. bestehende Absatzorganisation)
- Marketing-Konzept (z. B. Differenzierung von der Konkurrenz)

5. Umweltbezogene Faktoren

- Wirtschaftslage (z. B. Aufschwung, Rezession)
- Gesetzliche Regelungen (HGB, Steuerrecht etc.)
- Ökologische Überlegungen (bspw. Wind- und Solarenergie)

Weiteres Teilgebiet der Distributionspolitik ist die *Logistik,* worunter man alle Tätigkeiten der technischen Überführung unternehmerischer Leistungen an den Bedarfsort (Kundenort) zusammenfassen kann.

Ziel ist ein möglichst optimaler Lieferservice, also „*die richtigen Produkte zur rechten Zeit am richtigen Ort in der richtigen Qualität und Quantität zu minimalen Kosten zu verteilen.*"[35]

---

[35] *Thommen, J.-P.; Achleitner, A.-K.:* Allgemeine Betriebswirtschaftslehre - Umfassende Einführung aus managementorientierter Sicht. 3. Aufl., Gabler, Wiesbaden 2001, S. 199.

Zur Ausführung greift das Transportwesen dabei auf verschiedene Transport-mittel und -wege zurück:[36]

- Schienenverkehr
- Straßenverkehr
- Luftverkehr
- Wassertransport
- Rohrleitungen

Die Wahl des besten Transportmittels hängt vom Einzelfall ab. Insbesondere Produktart, Kosten und Verfügbarkeit des Transportmittels sowie das Marke-ting-Konzept sind hierbei wichtige Faktoren. Bedeutsam sind dabei ebenso **Kostenkriterien** (z. B. Transportkosten) und **Leistungskriterien** (z. B. Trans-portzeit).[37]

4.4 Kommunikationspolitik

„Ziel der Kommunikationspolitik ist es, Informationen über Produkte und das Unternehmen den gegenwärtigen und potenziellen Kunden sowie der an dem Unternehmen interessierten Öffentlichkeit zu übermitteln, um optimale Voraus-setzungen (z. B. Markttransparenz, Schaffung von Entscheidungsgrundlagen) zur Befriedigung von Bedürfnissen zu schaffen. "[38]

---

[36] Vgl. *Thommen, J.-P.; Achleitner, A.-K.:* Allgemeine Betriebswirtschaftslehre - Umfassende Einführung aus managementorientierter Sicht. 3. Aufl., Gabler, Wiesbaden 2001, S. 202-203.

[37] Vgl. *Meffert, H. et al.:* Marketing – Grundlagen marktorientierter Unternehmensführung. 10. Aufl., Gabler, Wiesbaden 2008, S. 623-624.

[38] *Thommen, J.-P.; Achleitner, A.-K.:* Allgemeine Betriebswirtschaftslehre - Umfassende Einführung aus managementorientierter Sicht. 3. Aufl., Gabler, Wiesbaden 2001, S. 242.

Die Kommunikationspolitik setzt sich u. a. aus folgenden Segmenten zusammen:[39]

- Public Relations
- Werbung
- Verkaufsförderung
- Persönlicher Verkauf

Diese Kommunikationsbereiche integrieren alle zielgerichteten Maßnahmen des Unternehmens, welche zur Steuerung von Einschätzungen, Haltungen, Anforderungen und Verhaltensweisen der Zielgruppe verwendet werden. Grundsätzlich kann hier nach **ökonomischen** und **psychologischen** Kommunikationszielen differenziert werden. Die ökonomischen Ziele stellen auf eine monetäre Erfolgsgröße ab, welche eindeutig quantifizierbar ist (Absatz, Umsatz und Marktanteil). Durch die psychologischen Ziele sollen Bekanntheitsgrad bzw. Produktwissen der Konsumenten gesteigert, ihr Empfinden gegenüber dem Produkt aufgewertet und schließlich das Konsumverhalten der Empfänger nachhaltig beeinflusst werden.

Public Relations ist der Überbegriff für Öffentlichkeitsarbeit mit dem Ziel Informationen über Tätigkeiten und Resultate einem breiten und interessierten Publikum (i. w. S. die Unternehmensumwelt) nahe zu bringen sowie zukünftige Beziehungen zu potentiellen Partnern und sonstigen Interessengruppen zu vereinfachen um so eine dauerhafte Bindung zum Kunden aufzubauen und das Unternehmen aus Kundensicht glaubwürdiger, durchschaubarer und damit vertrauenswürdiger zu machen. Bewerkstelligen lässt sich dies bspw. durch Publikationen, Betriebsbesichtigungen, Pressekonferenzen oder durch Sponsoring

---

[39] Vgl. *Thommen, J.-P.; Achleitner, A.-K.:* Allgemeine Betriebswirtschaftslehre - Umfassende Einführung aus managementorientierter Sicht. 3. Aufl., Gabler, Wiesbaden 2001, S. 241-262.

gesellschaftlicher Veranstaltungen.

Bei der *Werbung* steht die Leistung oder das Produkt im Vordergrund. Namentlich Existenz, Erhältlichkeit, Eigenschaften und Bezugsmöglichkeiten, die in angebrachter Form dargelegt den Konsumenten zum Kauf des angepriesenen Produktes bewegen soll. Im Unterschied liegt die Distanz – und von seinem Konkurrenten will man sich gewöhnlich möglichst weit abgrenzen respektive positiv bemerkbar machen. Insofern vermittelt Werbung rationale wie emotionale Informationen über Produkte mit schwankendem Wahrheitsgehalt.

Bei der Ausgestaltung des Werbekonzepts stehen folgende Elemente im Vordergrund: *Werbeobjekt (Produkt), Werbesubjekt (Zielgruppe), Werbungsziel, Werbebotschaft, Werbemedien, Werbeperiode, Werbeort* und *Werbebudget*.

Das populärste Werbemodell ist der AIDA-Ansatz:

A	(Attention)	Aufmerksamkeit erregen
I	(Interest)	Interesse wecken
D	(Desire)	Wünsche hervorrufen
A	(Action)	Handlung / Kauf auslösen

Eine konkrete Festlegung von Werbezielen ist vor allem notwendig um eine Werbeerfolgskontrolle durchführen zu können, die ohnehin bei Werbung nur schwer messbar ist.

Dabei unterscheidet man zwischen der Ermittlung *ökonomischer* und *nicht-ökonomischer* Größen. Zu den ökonomischen Größen zählt bspw. der Gewinn, zu den nicht-ökonomischen Größen zählt das Ansehen oder auch der Bekanntheitsgrad eines Unternehmens.

Wichtige Kennziffern der ökonomischen Erfolgskontrolle sind der **Tausenderpreis (cost per thousand)**, der besagt, wie teuer es ist, 1000 Personen mittels eines Werbeträgers anzusprechen. Er berechnet sich (z. B. anhand einer Zeitungswerbung) wie folgt:[40]

$$CPT = Preis\ je\ Seite\ x\ 1000\ /\ Leser\ pro\ Ausgabe$$

Sowie der **Werberendite**, welche versucht die Kaufimpulse zu messen:

$$Werbeerfolg\ x\ 100\ /\ Werbekosten$$

Nicht-ökonomische Größen wie Wahrnehmung und Aufmerksamkeit in der Öffentlichkeit, qualitative Aspekte wie Markenbekanntheit oder Imageverbesserung lassen sich über Befragungen ermitteln.

Verkaufsförderung (Sales Promotion) ist im Gegensatz zur Werbung eher als kurzfristiger Kaufanreiz zu sehen, welcher der Erhöhung von Verkaufsergebnissen dienen soll. Nach dem AIDA-Prinzip soll der noch unschlüssige Kunde durch weitere Anreize zum Kaufakt bewegt werden. Verkaufsförderung kann an **Verbraucher**, an den **Außendienst** und an den **Handel** gerichtet werden.[41]

- **Verbraucherorientierte** Maßnahmen könnten Einführungspreise, Sonderkonditionen (zwei zum Preis von einem), Gutscheine, oder Produktproben sein.

- **Außendienstorientierte** Maßnahmen wären in etwa Sachpreise (z. B. Uhren, Reisen) bei guten Umsätzen, Weiterbildungsveranstaltungen oder Verkaufshilfen (z. B. Prospekte, Werbegeschenke).

---

[40] http://www.wiwi-treff.de/home/mlexikon.php?mpage=beg/tausenderpr.htm, Abruf am 2008-02-26

[41] Vgl. *Thommen, J.-P.; Achleitner, A.-K.:* Allgemeine Betriebswirtschaftslehre - Umfassende Einführung aus managementorientierter Sicht. 3. Aufl., Gabler, Wiesbaden 2001, S. 260

- **Händlerorientierte** Maßnahmen entsprechen oft Hilfestellungen wie Verkäuferschulungen, technische Hilfsmittel (z. B. Plakate, digitale Anzeigen) sowie Preisnachlässen bzw. Zugaben.

Persönlicher Verkauf umfasst die Präsentation eines Produkts oder einer Dienstleistung im Rahmen direkter Kommunikation mit einem oder mehreren potentiellen Käufern. Dabei steht der Verkaufsabschluss im Vordergrund. Die Einstellung gegenüber dem Produkt sowie das Image des Unternehmens kann im persönlichen Verkaufsgespräch entscheidend beeinflusst werden. Im Allgemeinen werden eher hochpreisige Güter wie Industrieanlagen oder Autos persönlich verkauft. Nicht nur Volkswagen treibt bspw. in der sogenannten Autostadt Wolfsburg mit der gläsernen Fabrik immense Anstrengungen Breitwandkommunikation durch die Rückkehr zu Transparenz und Gespräch zu erweitern und kathedral erlebte Faszination in Kundenbindung und Umsatz umzumünzen.

Persönlicher Verkauf findet allerdings nicht nur im Unternehmen statt, sondern auch außer Haus, bspw. auf Messen oder Shows. Hier kann in kurzer Zeit durch persönlichen Kontakt eine hohe Kommunikationsdichte und Informationsqualität erreicht werden. Desweiteren dient er als Quelle der Informationsgewinnung über Konkurrenten, den Kunden und dessen Bedürfnisse, die nicht vernachlässigt werden sollten. Neukundenakquisition, Kontaktpflege und qualitativ hochwertige Beratung sind wichtige Aspekte im Verkaufsgeschäft.[42]

---

[42] Vgl. *Thommen, J.-P.; Achleitner, A.-K.:* Allgemeine Betriebswirtschaftslehre - Umfassende Einführung aus managementorientierter Sicht. 3. Aufl., Gabler, Wiesbaden 2001, S. 261-264.

Insgesamt lässt sich für den Marketing-Mix festhalten die Gesamtheit[43] aller eingesetzten Marketingmaßnahmen zu beschreiben bei der die einzelnen Felder vielfältige Wirkungsbeziehungen untereinander aufweisen. Mit der Ausgestaltung sind insbesondere kreative Fähigkeiten erforderlich.

---

[43] Vgl. *Meffert, H. et al.:* Marketing – Grundlagen marktorientierter Unternehmensführung. 10. Aufl., Gabler, Wiesbaden 2008, S. 744-746.

5 Internationales Marketing

5.1 Bedeutsamkeit des Internationalen Marketing

Nachdem die Grundlagen und Prinzipien des Marketings erläutert sind, wird die Thematik auf eine spezielle Ausprägung von Marketing ausgeweitet – dem *Internationalen Marketing*.

Internationales Marketing beinhaltet vor allem die Erkenntnis, dass Menschen und im weiteren auch Unternehmen überall in der Welt verschiedene Bedürfnisse haben, welche mit zunehmender Globalisierung an Bedeutung gewinnen.[44] Mit grenzüberschreitendem Handeln geht eine Zunahme an Komplexität der Rahmenbedingungen einher. Kernpunkt ist der erhöhte Informations- und Koordinationsbedarf seitens der hiesigen Nachfrager.

Wenngleich also bei Internationalem Marketing dieselben methodischen Vorgehen und Planungstechniken angewandt werden wie im inländischen Marketing können die Inhalte nicht gleich sein – die Umwelt ist schließlich eine ganz andere.[45]

Multinationale Konzerne (MNC's) wie Coca-Cola, McDonald's, Deutsche Telekom, Exxon und Microsoft haben Handelsmarken, die überall auf der Welt geschätzt werden. Obwohl deren Produkte im allgemeinen den internationalen Bedürfnissen auf den verschiedenen Märkten bereits weitgehend entsprechen und sie damit auch einheitlich vermarktet werden können, ist es ratsam auch regionale Unterschiede in den Werten, Sprachen, Gewohnheiten und politischen Gegebenheiten zu verstehen damit das Produkt in seinen Charakteristiken wie Leistung, Größe, Ausstattung und Design dem zukünftigen Markt ent-

---

[44] Vgl. URL: http://www.marketing-und-vertrieb-international.com/aktuelles/was-bedeutet-internationales-marketing__31.htm, Abruf am 2008-02-27
[45] Vgl. *Kulhavy, E.*: Internationales Marketing. 5. Aufl., Trauner, Linz 1993, S. 4.

spricht. McDonald's bspw. betreibt in Israel drei koschere Restaurants, die gemäß dem jüdischen Glauben weder Cheeseburger noch andere Milchprodukte servieren. In den Vereinigten Arabischen Emirate gibt es den McArabia, bestehend aus arabisch gewürztem Falafelbrot und Hühnchen. Für die Fischliebhaber in Norwegen wiederum gibt es den speziell angepassten McLaks. Selbstverständlich alles unter der gleichen Corporate Identity und in vertrautem Ambiente. Europas schönster McDonald's soll jener im Nyugati Bahnhof in Budapest sein. Dieser unterscheidet sich in seinem Angebot allerdings nicht wesentlich vom deutschen Sortiment – begründet durch eher geringe kulturelle Unterschiede.

Die wachsende Verflechtung der Volkswirtschaften steigert aber auch den Druck für kleinere Unternehmen (KMU) ihre Geschäftstätigkeit auszudehnen. *„Wer die neuen Gegebenheiten nicht zur Kenntnis nimmt, läuft Gefahr, zu einer nationalen oder gar nur regionalen Bedeutungslosigkeit herabzusinken.“* [46]

Es hängt allerdings vom Unternehmen ab wie hoch deren Grad der Anpassung ausfällt den unterschiedlichen Gebräuchen fremder Märkte Beachtung zu schenken.
Man kann hier drei wesentliche Vorgehensweisen[47] unterscheiden:

1. **Polyzentrizität**: Dieses Marktvorgehen steht für ein Unternehmen, welches Niederlassungen errichtet, die jeweils mit eigener Marketingpolitik arbeiten und dezentral vom Mutterhaus arbeiten. Anpassungen erfolgen auf den Märkten entsprechend den Kundenbedürfnissen und unter Verwendung unterschiedlicher Marketing-Strategien.

---

[46] *Kulhavy, E.*: Internationales Marketing. 5. Aufl., Trauner, Linz 1993, S. 31.
[47] Vgl. URL: http://www.marketing-börse.de/Fachartikel/details/Was-bedeutet-beinhaltet-internationales-Marketing-/6532, Abruf am 2008-03-14.

2. **Ethnozentrizität**: Unternehmungen in fremden Märkten wird nur geringe Bedeutung beigemessen. Die Pläne für diese Märkte werden zu Hause erarbeitet. Es wird wenig untersucht, der Marketing-Mix ist standardisiert und es gibt kaum Berücksichtigung unterschiedlicher Anpassungen aufgrund verschiedener Kundenbedürfnisse in den Märkten.

3. **Geozentrizität**: Standardisierung wird überall angewendet wo möglich und Anpassung überall da, wo nötig. Dies entspricht einer sehr pragmatischen Vorgehensweise bei der die ganze Welt als einheitlicher Markt betrachtet wird ohne signifikanten Spielraum für regionale Bedürfnisse.

Die richtige Wahl dieser Struktur hängt in großem Maß vom Produkt selbst ab. Einige Produkte können vollkommen unverändert im Ausland abgesetzt werden, z. B. gilt es bei Jeans-Produkten keine nationalen Eigenheiten zu beachten. Andererseits gibt es Produktgruppen wie Automobile, bei denen in Fragen von Technik und Design in verschiedenen Ländern massiv unterschiedliche Kundenbedürfnisse existieren. Auch diverse Produkte der Unterhaltungselektronik werden bspw. in einer europäischen und einer internationalen Designlinie angeboten.[48]

5.2 Osteuropa auf dem Weg in die Marktwirtschaft

Wenn man im Zusammenhang mit ehem. Ostblockländern von Marketing spricht, kann man inzwischen allzu leicht vergessen, dass dies keine Selbstverständlichkeit ist. Es gibt weitreichende Gründe, die diese Öffnung des Binnenmarktes bzw. Internationalisierung erklären. Meilensteine hierbei waren mit

---

[48] Vgl. *Kulhavy, E.*: Internationales Marketing. 5. Aufl., Trauner, Linz 1993, S. 171.

Sicherheit der Abbau des Protektionismus, eine fortschreitende Globalisierung und insbesondere die schon mitte der 1980er Jahre eingeleitete Perestroika in der ehem. UdSSR, welche zielführend zur Gemeinschaft unabhängiger Staaten (GUS) geführt hat. Es war für viele Menschen ein steiniger Weg sich aus der allgegenwärtigen Umklammerung der zentralistischen Sowjetunion zu lösen. Heute jedoch ist zu beobachten, dass sich viele zuvor kommunistische Satellitenstaaten und der damit verbundenen Planwirtschaft, erfolgreich emanzipiert haben, mit mehr oder weniger Erfolg versuchen ihren eigenen Weg zu finden.

Natürlich kann man auch zwei Dekaden danach nicht die Augen vor schwierigen strukturbedingten Problemen und Risiken verschließen. Neben unzureichend demokratischen Verhältnissen (im direkten Vergleich zum westlichen Standard), erhöhten Inflations- und Kriminalitätsraten sowie teils bedeutender Umweltschäden und Infrastrukturschwächen findet sich ein Unternehmen bei unzureichender Vorrauschau und Absicherung u. U. schnell im Spannungsfeld zwischen renitenter Bürokratie und unberechenbarer Politik wieder.[49]

Demgegenüber stehen allerdings auch Chancen, die um ein vielfaches potenter sind als im Westen. Das verständliche Streben der einzelnen Nationen und deren Bürger nach so grundlegenden Dingen wie persönlicher Freiheit, Rechtsstaatlichkeit und Wohlstand bedingen auch marktwirtschaftliches Management und dem damit verbundenen Marketing-Know-how.[50]

Durch einen langen aber konsequenten Prozess der Entkrustung veralteter Strukturen, der auch Bildungsreformen sowie der Einstellung zur Arbeit selbst eine neue Qualität verschafft, gelingt es mit dem Fokus auf Leistungsorientierung, Kreativität und Selbstständigkeit, Privatisierung und Wettbewerb die Entwicklung zielstrebig voranzuführen. Mit der Anerkennung des bewährten westlichen Systems der Marktwirtschaft und Demokratie profitiert nach und nach auch die Bevölkerung. Die Reformbemühungen der ehem. Ostblockländer

---

[49] Vgl. *Tietz, B.; Zentes, J.:* Ost-Marketing. ECON, Düsseldorf et al. 1993, S. 13-15.
[50] Vgl. *Tietz, B.; Zentes, J.:* Ost-Marketing. ECON, Düsseldorf et al. 1993, S. 17.

verlaufen dabei mit unterschiedlicher Intensität. Inzwischen wurde die größte Erweiterung in der Geschichte der EU mit der Aufnahme von mehreren ost- und südosteuropäischen Ländern im Jahr 2004 vollzogen.

„Mit dem Beitritt von Polen, Ungarn, Tschechien, Estland, Lettland, Litauen, der Slowakei, Slowenien, Malta und Zypern wuchs die Bevölkerung der EU von rund 370 Millionen auf 455 Millionen Menschen. Das mit Abstand größte Beitrittsland ist Polen mit fast 39 Millionen Menschen, was in etwa der Bevölkerungszahl Spaniens entspricht.“[51] Anfang 2007 traten auch Bulgarien und Rumänien der EU bei.

Im optimistischsten Fall ergibt sich mittelfristig eine Win-Win-Situation. Dies wäre eine Konstellation in der die Neumitglieder auf vielen Wegen solidarisch unterstützt werden, primär durch monetäre Subventionsleistungen, die helfen soll mitunter rückständige postsozialistische Staaten langfristig auf westeuropäisches Wohlstandsniveau zu bringen. Auf der anderen Seite könnte auch die EU durch die Verbreitung von Demokratie, Wohlstand, Umweltschutz und Stabilität gewinnen.

Ein anderes, pessimistisches, Szenario wäre die weitere Ausweitung der Kluft zwischen Arm und Reich in Europa, in der Neumitglieder abhängig von der Gunst anderer im Armenhaus der EU sind und dementsprechend launig agieren, Sozialordnungen in Frage stellen sowie Stabilität und Fortschritt erschweren.

Wohin genau die Reise geht ist längst noch nicht ausgemachte Sache. Durch ein gewisses Maß an Solidarität und Sensibilität für die jeweiligen Interessen kann m. M. n. das Projekt *EU-Ostintegration* durchaus gelingen.

---

[51] Vgl. URL:
http://www.faz.net/s/RubC9401175958F4DE28E143E68888825F6/Doc~E5A8B8AAF1F2745A09C1089C2300C54E0~ATpl~Ecommon~Sspezial.html, Abruf am 2008-02-18.

5.3 Erfolgspotentiale des Ost-Marketing

Unternehmerisches Handeln jedoch ist in den seltensten Fällen altruistisch motiviert. So wundert es nicht, dass die Chancen der EU-Osterweiterung hier aus einem etwas anderen Blickwinkel betrachtet werden. Zum einen sind niedrige Körperschaftssteuer-, Umsatzsteuer- und Lohnkostensätze Motivatoren für dortige Investitionen. Andererseits hat man natürlicherweise auch die Märkte in den Beitrittsländern im Blick. Hier sollen die noch ungesättigten Märkte Osteuropas mit ihrem dynamischen Wirtschaftswachstum mittelfristig hohen Absatz und Einkünfte bescheren. Diese gilt es selbstverständlich mit den Mechanismen des Marketing zu erschließen bzw. zu verteidigen, denn wo viel Gewinn zu erwarten ist, bleibt Konkurrenz zwangsläufig nicht aus. Dem Marketing fällt sogar eine ganz tragende Rolle zu, da das Unternehmen vor Ort meist bei Null wieder beginnen muss. Nur die größten und bekanntesten Konzerne haben einen überstrahlenden Namen. Die meisten KMU müssen den Kunden von ihrem Qualitätsprodukt mit zu Beginn gesteigertem Aufwand begeistern. Es gilt dabei die Marktkommunikation spezifischen Erfordernissen anzupassen und fähige Mitarbeiter einzubinden um mit komplizierten Rechtslagen, kaufmännischem Wissen und Improvisationstalent teils widrigen Umständen zu trotzen und Unternehmensexpansionen zum Erfolg werden zu lassen.

„Die Gefahr Fehlentscheidungen zu treffen, ist angesichts der unübersichtlich gewordenen Markt- und Absatzstrukturen größer denn je. [...] Es ist generell nur vor Ort möglich, sich mit den Bedingungen des jeweiligen Exportmarktes vertraut zu machen und die geeigneten Vertriebspartner ausfindig zu machen. In der ersten Phase der Markterschließung empfiehlt sich daher die Entsendung von Marketingteams und/oder Errichtung von Repräsentationsbüros beziehungsweise Tochtergesellschaften."[52]

---

[52] *Tietz, B.; Zentes, J.:* Ost-Marketing. ECON, Düsseldorf et al. 1993, S. 257-258.

Export 2006
Gesamt 896,0 Mrd. €

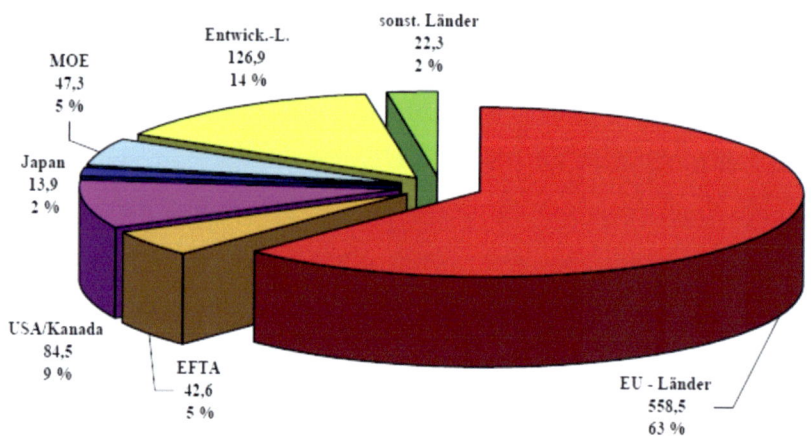

Quelle: Statistisches Bundesamt

Abb. 7: Exportquote im Jahr 2006[53]

Laut **Statistischem Bundesamt** wurde Deutschland auch 2006 wieder Export-
weltmeister. Das Handelsvolumen mit Ländern in Mittel- und Osteuropa
(MOE) ist kontinuierlich steigend. Der Anteil von Europa am gesamten deutschen Außenhandel beträgt 73 % und lässt den großen Stellenwert Europas als
Absatzmarkt erkennen.[54]

---

[53] URL: http://www.bmwi.de/BMWi/Redaktion/PDF/A/aussenhandelsdaten-
diagramm,property=pdf,bereich=bmwi,sprache=de,rwb=true.pdf, Abruf am 2008-02-21.
[54] URL: http://www.bmwi.de/BMWi/Navigation/Aussenwirtschaft/aussenhandelsdaten.html,
Abruf am 2008-02-21.

5.4 Erfolgspotential in Ungarn

Eigene Vergleiche bzgl. unternehmerischer Marketing-Strategien festzustellen ist mir im Rahmen meines Erasmusstudiums in Ungarn möglich, wenngleich mit geringeren Unterschieden als dies z. B. in Ländern wie Israel oder China der Fall wäre. Ungarns Hauptstadt Budapest erlaubt ganz besondere Einblicke in ein Land mitten im Umbruch. Auf dem Weg vom Sozialismus in den Kapitalismus ändert sich nicht nur das Erscheinungsbild der Städte und die Bilder, die von diesen Städten publik werden – die Situation hat vor allem mit Kontrasten, mit Gewinnern und Verlieren zu tun. In persönlichen Gesprächen mit Einheimischen offenbaren sich oft Unsicherheiten und teilweise sogar Ängste, welche Auswirkungen der EU-Beitritt ihres Landes für ihre individuellen Lebensbedingungen haben wird. Zum einen erhofft man sich durch die zunehmende Integration in das gesamte Europa eine Verbesserung des persönlichen Lebensstandards. Auf der anderen Seite werden ein stärkerer wirtschaftlicher Wettbewerb und daraus resultierende soziale Probleme befürchtet. Das ist keine grundlose Besorgnis in einem Land, das rigide und nach westlichen Maßstäben undemokratisch gegen Regierungskritiker vorgeht, eine Inflationsrate von 6,4 % sowie mit einem Wirtschaftswachstum von lediglich 2 % in 2006 für eine aufstrebende osteuropäische Ökonomie eine vglw. schwache Bilanz[55] zu bieten hat. Subjektiv sehen viele Ungarn laut einer Studie der **BAT Stiftung für Zukunftsfragen** die Lage damit ganz ähnlich wie sie von vielen Deutschen empfunden wird: *„In Ungarn und Deutschland glaubt nicht einmal jeder Fünfte an positive Auswirkungen der Globalisierung für sein zukünftiges Leben. Nur jeweils 19 Prozent sehen den Trend optimistisch [...]. In Deutschland und Ungarn sei ‚offensichtlich nicht die Globalisierung das Problem, sondern der Grad der Ungleichheit und die subjektiv wahrgenommene ungerechte Verteilung der Früchte der Globalisierung zwischen Gewinnern und Verlierern', sagte der Forscher Horst*

---

[55] URL: http://www.finanznachrichten.de/nachrichten-2007-10/artikel-9288803.asp, Abruf am 2008-02-23.

sagte der Forscher Horst Opaschowski, wissenschaftlicher Leiter der Stiftung.
‚Die Bürger haben Zweifel, ob die Verteilung sozial gerecht und fair ist.' " [56]
Diese Zweifel können wir Erasmusstudenten nur bestätigen. Gesehen haben wir u. a. provinzielles Nationalstaatsdenken bei ultraradikalen Kräften, die ihre Systemfeindlichkeit offen artikulieren, vorwärtsgewandte ungarische Studenten (*„Wann denkst du, werden wir das Niveau von West-Deutschland erreichen?"*) und eine immense Kluft zwischen Arm und Reich, symbolisiert durch einige Neureiche, unterwegs in extrem teuren Fahrzeugen. Auf der anderen Seite viele sprichwörtlich bettelarme wohnungslose Menschen. Insgesamt können ca. 40% der Bevölkerung als arm bezeichnet werden, da sie aus eigener Kraft nur auf knapp 60% des Durchschnittseinkommens (etwa 150.000 HUF entsprechend 600 Euro) kommen. Durchaus lässt dies die Schlussfolgerung zu, dass die Gesellschaft tief polarisiert ist. Einkommen steigen zwar, allerdings nähern sich die Lebenshaltungskosten mindestens genauso rasant dem westlichen Standard an. Neben der auffallend großen Unterschicht und der wachsenden Zahl exorbitant gut verdienender Menschen, ist es logisch, dass die Mittelschicht sehr schwach ausgeprägt ist.

Ohne diese Umstände final bewerten zu wollen haben sie natürlich auch Auswirkungen auf unternehmerische Entscheidungen. Dort scheint man allerdings zu dem Schluss gekommen zu sein, dass die Kaufkraft stetig weiter steigen wird – erst am 19. November 2007 wurde mit dem *Arena Plaza* gegenüber des Keleti pályaudvar (Ostbahnhof) wieder ein gigantisches Einkaufs- und Entertainmentcenter eröffnet. 220 Geschäfte wie sie ebenso in Berlin oder Mailand stehen warten hier auf kaufwillige Kundschaft. Tatsächlich war auch dieses Einkaufszentrum zu jeder Tageszeit gut besucht.
Wohl bekannte Namen wie Telekom, SAP, Audi, Deutsche Bank usw. sprin-

---

[56] URL: http://www.spiegel.de/wirtschaft/0,1518,518780,00.html, Abruf am 2008-02-28.

gen einem dort genauso wie an zahlreichen Werbeplakaten förmlich entgegen. Darüber hinaus wollen sich auch dynamische mittelständische Unternehmen neue Absatzmärkte in Osteuropa erschließen. Umgekehrt gilt dies natürlich auch für exportierende ungarische Unternehmungen.

Konjunkturbericht Ungarn 2007:

„Mit einem Anteil von 30% an den ausländischen Direktinvestitionen in Ungarn und von 28% am ungarischen Außenhandel ist Deutschland der wichtigste Wirtschaftspartner Ungarns. Heute gibt es in Ungarn rund 4000 produzierende, Dienstleistungs- oder Handelsunternehmen mit deutscher Beteiligung. Die überwiegende Mehrheit von ihnen sind kleine und mittlere Unternehmen."[57]

Die Abschaffung von Zoll- und Handelsbeschränkungen hat dabei sicherlich geholfen bzw. den Erfolg erst ermöglicht. Neben der Erschließung neuer Märkte sind zweifellos auch ungarische Lohnkostenvorteile ansprechende Faktoren. Realistisch betrachtet wird Ungarn hier früher oder später auch Federn lassen müssen, Länder wie Bulgarien und Rumänien werden dann noch attraktiver sein.

In *„International Marketing"*, welches ich an der *Budapest Tech* neben anderen Kursen belegt habe, lehrt Dr. Borbély Emese auch das *MCI-Model (MAP-COMMUNICATE-INTEGRATE)*. Vereinfacht besagt es, dass kulturelle Unterschiede zuerst erkannt, danach durch Gemeinsamkeiten und gesteigerte Motivation überbrückt werden sollen um schließlich durch Integration und gegenseitige Teilhabe gemeinsam Konflikte vermeiden und Prozesse optimieren zu können.

---

[57] URL:
http://www.duihk.hu/fileadmin/user_upload/Dokumente/Bereich_CC/Publikationen/Konjunktur/DUIHK_Konjunkturbericht_2007__070425_de_.pdf, Abruf am 2008-03-25

Auch die **Bundesagentur für Außenwirtschaft**[58] bestätigt Deutschland als wichtigsten Handelspartner Ungarns, und zwar sowohl hinsichtlich der Direktinvestitionen als auch bzgl. Absatz- und Bezugsmarkt.

Der Autohersteller Volkswagen bewarb im Jahr 2001 seine Autos in Ungarn mit folgendem Slogan: "Deutsches Auto, ungarischer Preis" (sinngemäß übersetzt). Diese Werbebotschaft nutzt exemplarisch die etablierte Qualität deutscher Hersteller i. V. m. einem subjektiv angepassten inländischen Preis als Verkaufsargument.

Nachdem wir in Budapest ausgiebig inländische Bierprodukte getestet hatten wollten wir zur Abwechslung wieder auf heimische Marken zurückgreifen und stellen verwundert fest, dass *Beck's* Bier hier ganz anders schmeckt als in Deutschland. Recherchen[59] ergeben, dass nur zwei Prozent des hierzulande getrunkenen Biers importiert werden. Der überwiegende Anteil bekannter Marken wird in Lizenzproduktion hergestellt und durch eine der vier Brauerei-Unternehmen direkt in Ungarn abgefüllt. Vermutlich haben Marktforschungen der entsprechenden Unternehmen diverse geschmackliche Unterschiede und Präferenzen innerhalb der ungarischen Biernachfrage ausgemacht. So wird meines Wissens in Ungarn eine deutliche Spur Mais hinzugefügt, was den Geschmack dementsprechend ein wenig kräftiger erscheinen lässt. Das Deutsche Reinheitsgebot wird nicht eingehalten.

Die hier angeführten Unterschiede sind in erster Linie nicht nur bei der Gestaltung von Werbekampagnen zu beachten, vielmehr liefert seriöse Marktforschung wichtige Hinweise für grundlegende Marketingentscheidungen. Die geschäftliche Ausweitung auf den internationalen Markt beinhaltet dabei die

---

[58] URL:
http://www.bfai.de/DE/Navigation/Metanavigation/Suche/sucheÜbergreifendGT.html
,Abruf am 2008-03-02.

[59] URL:
http://www.duihk.hu/fileadmin/user_upload/Dokumente/Bereich_CC/Publikationen/WiU/2007/August/_Gutes_Bier_aus_Ungarn.pdf , Abruf am 2008-03-02.

Notwendigkeit einer erweiterten Perspektive auf marktspezifische Gegebenheiten. Nur wer auch kulturell bedingte Hintergründe und Details kennt und versteht wird bei der Produktvermarktung langfristig erfolgreich sein.

6 Fazit und Ausblick

Die dargelegten Ausführungen und Beispiele zeigen das Marketing ein zentraler Erfolgsfaktor für ein produzierendes Unternehmen ist, denn selbst ein noch so gutes Produkt wird keine Erfolgsgeschichte schreiben können, wenn es niemand kennt. Deshalb lohnt es sich, dem Marketing weitreichende Beachtung zu schenken. Dabei umfasst es vielmehr als nur die sichtbaren Tätigkeiten Werbung und Vertrieb. Marketing in all seinen Ausprägungen ist ein umfassendes Konzept, dass den Kunden in den Mittelpunkt der Geschäftsaktivitäten stellt. Nichts ist für ein Unternehmen existenzbedrohender als am Kunden „vorbei zu produzieren". Marktforschungen sind wichtig um auf Kundenbedürfnisse eingehen zu können und diesen mit geeigneten Marketing-Instrumenten zu begegnen. So definierte Marketing-Ziele werden konsequenterweise auch wieder einer Erfolgskontrolle unterzogen. Wichtige Meilensteine sind die Identifizierung der Kernzielgruppe während der Produktplanung und die gewissenhafte Begleitung über den gesamten Produktlebenszyklus hinweg mit einhergehender Kundenbindung.

Sollen neue Märkte erschlossen werden, muss eine globale Ausrichtung des Unternehmens durch kritische und zielgerichtete Auseinandersetzung mit Markt und Unternehmenssituation innerhalb des Internationalen Marketing stattfinden. Nur die Unternehmen werden sich durchsetzen, die ihre Kunden am besten zufriedenstellen. Insbesondere in dynamischen Märkten gilt es Produkte und Marken richtig zu positionieren und gut zu kommunizieren.

Marketing stellt demzufolge keinesfalls nur eine untergeordnete Funktion der Kommunikationsabteilung dar, sondern ist eine der wichtigsten Aufgaben für die Unternehmensführung und entscheidend daran beteiligt welches Unternehmen im Rennen um den Kunden die Nase vorne hat.

Auch in Zukunft wird Marketing Entwicklungen aufgreifen und sich dementsprechend dynamischen Veränderungen durch stete Orientierung am Kunden und der Umwelt anpassen und resultierende Konsequenzen für unternehmerisches Handeln bereitstellen.

Neue Herausforderungen sind gleichermaßen in ökonomischen, technologisch-ökologischen, sozio-kulturellen sowie politisch-rechtlichen Bereichen zu erwarten. Hier gilt es dem demographischen Wandel, sozialem und ökologischem Bewusstsein, EU-Wettbewerbsgesetzen, der Verknappung natürlicher Ressourcen sowie Verdrängungswettbewerben mit geeigneten Maßnahmen entgegenzutreten. Detaillierte Entwicklungsperspektiven sind schwer vorherzusehen. Dennoch ist absehbar, dass sich durch zunehmende Internationalisierung aufgeschlossenen Unternehmungen zahlreiche neue Chancen bieten. Risikomanagement und Marketing werden auch zukünftig versuchen diese Chancen bestmöglich zu nutzen. Themen wie Individualisierung, Klimawandel, eine alternde Gesellschaftsstruktur, EU-Ostintegration und neue technologische Entwicklungen durch Vernetzung und E-Business werden vermehrt zum Erfolgsfaktor.

Literaturverzeichnis

@t-mix.de Lexikon: Produktlebenszyklus.
  http://www.at-mix.de/ecommerce/marketing-02010401.htm, Abruf am
  2008-03-12.

American Marketing Association: In: Marketing News (Hrsg.): AMA Board
  Approves New Marketing Definition. Chicago 1985, Vol. 19, Nr. 5, S. 1.

Brugger, K.: Online-Vermarktung.
  http://www.moving-target.de/index.php/buchblogger/C79/, Abruf am 2008-
  02-18

Bundesagentur für Außenwirtschaft: Ungarn als Handelspartner.
  http://www.bfai.de/DE/Navigation/Metanavigation/Suche/sucheÜbergreifen
  dGT.html, Abruf am 2008-03-02.

Bundesministerium für Wirtschaft und Technologie: Außenhandel der Bundesrepublik Deutschland nach Ländergruppen.
  http://www.bmwi.de/BMWi/Redaktion/PDF/A/aussenhandelsdaten-
  diagramm,property=pdf,bereich=bmwi,sprache=de,rwb=true.pdf, Abruf am
  2008-02-21.

Bundesministerium für Wirtschaft und Technologie: Entwicklung des Außen-
  handels der Bundesrepublik Deutschland 2006.
  http://www.bmwi.de/BMWi/Navigation/Aussenwirtschaft/aussenhandelsdat
  en.html, Abruf am 2008-02-21.

Deutsch-Ungarische Industrie- und Handelskammer (Hrsg.): Gutes Bier – aus
  Ungarn.
  http://www.duihk.hu/fileadmin/user_upload/Dokumente/Bereich_CC/Publik
  ationen/WiU/2007/August/Gutes_Bier_aus_Ungarn.pdf, Abruf am 2008-03-
  03.

Deutsch-Ungarische Industrie- und Handelskammer (Hrsg.): Konjunkturbericht Ungarn 2007
  http://www.duihk.hu/fileadmin/user_upload/Dokumente/Bereich_CC/Publik
  ationen/Konjunktur/DUIHK_Konjunkturbericht_2007__070425_de_.pdf,
  Abruf am 2008-03-25

F.A.Z. Electronic Media GmbH: Die EU wächst.
http://www.faz.net/s/RubC9401175958F4DE28E143E68888825F6/Doc~E5
A8B8AAF1F2745A09C1089C2300C54E0~ATpl~Ecommon~Sspezial.html
, Abruf am 2008-02-18.

FinanzNachrichten.de: FXDIREKT/Ungarn: Hohe Inflation, niedriges Wachs-
tum.
In: ABC New Media AG (Hrsg.):
http://www.finanznachrichten.de/nachrichten-2007-10/artikel-9288803.asp,
Abruf am 2008-02-23.

Hammann, P.; Erichson, B.: Marktforschung. 4. Aufl., UTB, Stuttgart 2000, S.
30.

Koch, E.: Marktforscher In: 1001 Aphorismen: Aphorismen.
http://www.aphorismen.de/display_aphorismen.php, Abruf am 2008-02-06.

Kulhavy, E.: Internationales Marketing. 5. Aufl., Trauner, Linz 1993, S. 31.

Marketing-BÖRSE GmbH: Was bedeutet/beinhaltet internationales Marketing?
http://www.marketing-börse.de/Fachartikel/details/Was-bedeutet-beinhaltet-
internationales-Marketing-/6532, Abruf am 2008-03-14.

McCarthy, J.: Basic Marketing - A managerial approach. Homewood Illinois
1960, S. 45.

Meffert, H. et al.: Marketing – Grundlagen marktorientierter Unternehmensführung. 10. Aufl., Gabler, Wiesbaden 2008.

Meffert, H.: Marketing - Grundlagen marktorientierter Unternehmensführung.
9. Aufl., Gabler, Wiesbaden 2000.

Meffert, H.: Marketing - Grundlagen marktorientierter Unternehmensführung.
8. Aufl., Gabler, Wiesbaden 1998.

Michael Richter Internationale Marketingberatung: Marketingbedeutung: Was
bedeutet/beinhaltet internationales Marketing ?
http://www.marketing-und-vertrieb-international.com/aktuelles/was-
bedeutet-internationales-marketing__31.htm, Abruf am 2008-02-27

OpenPR: Marketing im Wandel der Zeit.
http://openpr.de/news/124391/Erfolgsdoc-de-oder-Marketing-im-Wandel-
der-Zeit.html, Abruf am 2008-02-04.

Schauenburg-consulting: Kundennutzenanalyse.
http://www.schauenburg-consulting.de/images/corporate/kundennutzen.jpg,
Abruf am 2008-03-20.

SPIEGEL ONLINE GmbH: Deutsche fühlen sich als Verlierer der Globalisierung. http://www.spiegel.de/wirtschaft/0,1518,518780,00.html, Abruf am
2008-02-28.

Stern.de GmbH: Abspracheverdacht - Razzien gegen Stromkartell.
http://www.stern.de/wirtschaft/unternehmen/unternehmen/:Abspracheverda
cht-Razzien-Stromkartell/562328.html, Abruf am 2008-03-20

TEIA AG - Internet Akademie und Lehrbuch Verlag: Marktsegmentierung.
http://www.teialehrbuch.de/Kostenlose-Kurse/Basiswissen-fuer-
Selbststaendige/images/pic_1_2_1.gif, Abruf am 2008-02-04.

Thommen, J.-P.; Achleitner, A.-K.: Allgemeine Betriebswirtschaftslehre - Umfassende Einführung aus managementorientierter Sicht. 3. Aufl., Gabler,
Wiesbaden 2001.

Tietz, B.; Zentes, J.: Ost-Marketing. ECON, Düsseldorf et al. 1993.

Tolksdorf, M.: Dynamischer Wettbewerb – Einführung in die Grundlagen der
deutschen und internationalen Wettbewerbspolitik. Gabler, Wiesbaden
1994.

Wikipedia (Hrsg.): Gewinnschwelle.
http://de.wikipedia.org/wiki/Gewinnschwelle, Abruf am 2008-03-12.

Wikipedia (Hrsg.): Produktpolitik.
http://de.wikipedia.org/wiki/Produktpolitik, Abruf am 2008-03-12.

Wikipedia (Hrsg.): Regelzonen deutscher Übertragungsnetzbetreiber.
http://upload.wikimedia.org/wikipedia/commons/5/5b/Regelzonen_deutsche
r_Übertragungsnetzbetreiber.jpg, Abruf am 2008-03-18

WiWi Online-Zeitung für Wirtschaftswissenschaften: Tausenderpreis (cost per
thousand)
http://www.wiwi-treff.de/home/mlexikon.php?mpage=beg/tausenderpr.htm,
Abruf am 2008.02-26